웃는 나무

임문혁 시집

책:봄

시인의 말

나무는
일생을 꿈꾸고
일생을 기도한다

푸른 잎 피워
하늘에 바치고
단풍 꽃 피워
땅에 바치고
열매는
사랑에 바친다

해마다 꿈꾸며
둥그런 하늘무늬
가슴에 새겨 품는다

하늘 향해
팔 활짝 벌린 나무
다음 생엔 나도
나무가 되고 싶다

2023년 5월

임문혁

차례

1 _ 숲속으로

숲속으로 ·················· 10
더불어 숲 ·················· 11
나무를 꿈꾸며 ·················· 12
시인 ·················· 13
웃는 나무 ·················· 14
하느님의 수화 ·················· 15
느티나무 ·················· 16
목련 그대 ·················· 17
심욕(心浴) ·················· 18
나무를 듣다 ·················· 19
닿지 않는 ·················· 20
하루 화랑 ·················· 21
나무의 거리(距離) ·················· 22
혼자 자라는 나무 ·················· 24
서로 손 잡으면 ·················· 25

2 _ 나무의 나라 침공기

나무의 나라 침공기 ················· 28
공짜 ···························· 29
나무의 계획 ······················ 30
석류나무 생각 ···················· 31
꽃이 온다 ························ 32
그래서 그때 ······················ 33
플라타나스 ······················· 34
달리는 나무 ······················ 35
나무의 비상(飛翔) ················· 36
어떤 식목(植木) ··················· 37
사다리를 타고 ···················· 39
연필을 깎다 문득 ·················· 40
달이 웃고 별이 반짝이는 ············ 41
나무의 편지 1 ····················· 42
나무의 편지 2 ····················· 43

3 _ 단풍을 보다가

단풍을 보다가 ················· 46
화살나무 ···················· 47
나무의 내부(內部) ············· 48
아까시 잎 떼어내며 ············ 49
나무, 신의 은총 ··············· 51
그대를 보면 가지를 ············ 52
밤나무 추억 ·················· 54
상수리나무 ··················· 55
대나무 그리기 ················ 56
겨울나무 ···················· 57
서성이는 나무 ················ 58
옆으로 크는 나무 ············· 60
나뭇잎 하나 지듯 그렇게 ········ 61
후박나무 큰 그늘 아래 ········· 62
기다리는 여인들 ··············· 63

4 _ 부활

하늘이 보일 때 …………………… 66
나무학교 ………………………… 67
피리 소리 ………………………… 68
나무 붓 편지 …………………… 69
경의선 숲길 …………………… 70
나무 날개 ………………………… 71
대밭에서 ………………………… 72
나무가 사라지는 풍경 ………… 73
대머리 은행나무 ……………… 74
너도 나무 ………………………… 75
연리지(連理枝) ………………… 76
나무의 비밀 …………………… 77
일생 ……………………………… 78
나무의 최후 …………………… 79
부활 ……………………………… 80

1

숲속으로

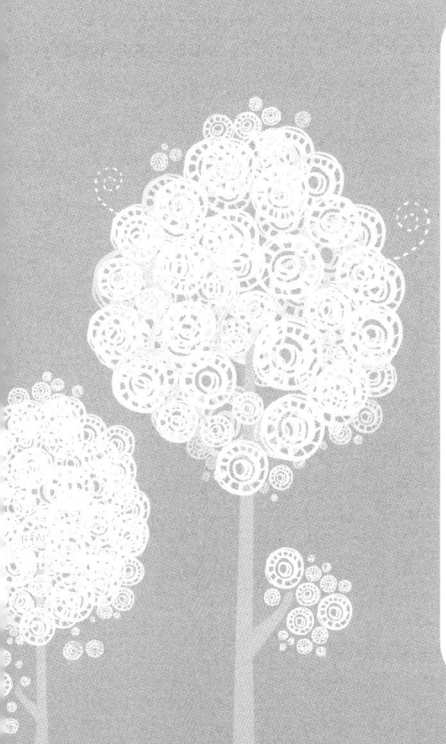

숲속으로
더불어 숲
나무를 꿈꾸며
시인
웃는 나무
하느님의 수화
느티나무
목련 그대
심욕
나무를 듣다
닿지 않는
하루 화랑
나무의 거리
혼자 자라는 나무
서로 손잡으면

숲속으로

숲속을 걷네
술렁이는 나뭇가지 사이로
흘러내리는 달빛
바람은 우듬지를 쓰다 듬고
우린 잃어버린 것들을 이야기하네

바람의 전설, 요정들의 노래,
아기 노루의 꿈, 밤의 보드라운 솜털,
잊지 못하네

목(木) 씨 할아버지, 임(林) 씨 할머니,
하야시(林) 아저씨, 모리(森) 아주머니,
언더우드(Underwood) 총각의
살아온 이야기 더듬어 가네

달빛 안고 한참을 들어가
숲 안쪽에 숨어 있는 호숫가에서
물들의 이야기 들으며
오랜 기억들 숨어 있는 숲속으로
우린 점점 더 깊이 들어가네

더불어 숲

숲에서는
나무는 나무로 서고,
돌은 돌로 앉고,
바람은 바람으로 놀고,
물은 물로 흐릅니다.

누가 들어도 누가 나가도
전혀 신경 쓰지 않고
생긴 대로 그대로
거기 그렇게 서로 어울려 삽니다.

돌은 돌로
바람은 바람으로
물은 물로

모자라지도 넘치지도 않습니다.

나무를 꿈꾸며

나무는
일생을 꿈꾸고
일생을 기도한다

푸른 잎 피워
하늘에 바치고
단풍 꽃 피워
땅에 바치고
열매는
사랑에 바친다

해마다 꿈꾸며
둥그런 하늘무늬
가슴에 새겨 품는다

시인

잎잎에 헤적이는
바람을
노래하는 나무

산들바람 불어오면
만남의 기쁨 노래하고

낮빛 달빛에
둥근 열매 맺히면
쓸며 어르며 자장가를 부르네

천둥 번개 폭풍우 몰아쳐
열매들 후두둑 떨어지면
목 쉰 노래 토해내고

우수수 낙엽 떨어지는 밤
홀로 앙상히 버티고 서서
알몸으로 노래하네

웃는 나무

바람 속 저 잎새들
오늘은 무슨 일로 저리 웃을까

서로 어깨 툭툭 치며 손 흔들며
숨이 멎을 듯 눈물까지 찔끔찔끔
연신 웃어대는 것일까

지나가는 구름의 배꼽 간질이며
바람의 심술 웃음으로 되받아치는 나무

살다보면
웃을 일보다 울 일 더 많겠지만
지금 터지는 저 푸른 웃음이
판을 한바탕 즐겁게 흔들어놓는다

하느님의 수화

(꽃 같은 선생님한테 수화를 배웁니다
소리 없는 말들이
손끝에서 꽃처럼 피어납니다)

나무들도 말을 한다는 걸 알았습니다
푸른 잎 붉은 꽃 흔들기도 하고
동그란 열매 보여주기도 하니까요

수화를 배우는데, 번쩍!
번개가 쳤습니다, 하느님은
가지들의 흔들림, 꽃의 표정,
이파리들의 춤을 통해
말씀하기도 하는구나

이제사 겨우 조금씩 보입니다
하느님의 말씀, 세상 여기저기에
나무처럼 자라는 것이

느티나무

　고향에는 마을을 지키고 있는 든든한 어른 한 분이 계십니다. 올해 연세가 삼백 하고도 몇인가 그러신데 아직도 정정하십니다. 아버지께 종아리 맞고 쫓겨나 울던 나를 가만히 안아주던 그 어른, 입학시험 낙방하고 주저앉은 내 어깨를 다독여주던 그 어른, 첫사랑을 떠나보내고 가슴 무너지던 날 그 아픔 함께 울어주던 그 어른, 꽃상여 타고 어머니 떠나실 때 만장 흔들며 어깨를 들썩이던 그 어른, 그 어른은 요즈음 넓은 그늘에 장기판을 벌여놓고 훈수도 두면서 지내신다 하더군요.

지난 주말 고향엘 다녀왔습니다.
이젠 네가 세상의 나무가 되거라.
그 어른 훈수도 한 수 받고 왔습니다.

목련 그대

이제는
다 잊었다
생각했는데

불현듯 그대 생각
가지마다 피어올라

피어올라, 온 뜰에 가득합니다

심욕(心浴)

왕벚꽃나무는 땅에 뿌리박고
족욕(足浴) 중이고
나는 봄볕에 마음 담그고
심욕(心浴) 중이다

발바닥에서부터 정강이 타고 오르는 온기에
온몸 서서히 따스해지고
얼어붙은 마음 나긋나긋 풀린다
가슴 속에 남실남실 봄볕 차오르면
눈 코 입 언저리 웃음 번지고
얼굴 달아올라 왕벚꽃 붉게 피어오른다
산들바람에 콧노래 흘러가고
묵은 가지엔 물색 푸른 옛정이 돋는다

어둑한 가슴에 꽃불 밝히는 일
심지가 기름에 발 담그듯
봄볕에 마음 한 자락 담그니
왕벚꽃 벌써 내 것이다

나무를 듣다

나무는 온몸으로 말한다
부르르 몸 떨며 팔을 휘젓고
터진 속살, 상처도 꺼내 보인다
잎으로 꽃으로 때론 열매로 속삭이다가
바람 불면 쏴아쏴아 속엣말을 쏟아낸다
때론 붉으락푸르락 낯빛 변하고
밤새 끙끙 앓기도 한다
가슴에 귀 대고 속말 듣는다
눈보라 치는 날
언 땅 밖으로 튕겨나온 뿌리 울음
온몸으로 듣는다

닿지 않는

누가 우리 사이 떼어놓았나
몇 걸음 안 되는 거리건만
나는 너에게 가지 못한다

허리 굽혀도, 팔 뻗어도, 몸부림쳐도
닿지 않는 거리
너를 향한 팔 허공에 흔들린다

잎새마다 사연 적어 흔들어대고
꼭두서니 붉은 마음 꽃으로 터뜨리지만
나는 외발

네 손 잡고 거리를 걷는 것은
꿈에나 얻는 행운

별님에게 달님에게
오늘도 나는 빌고 또 빈다
단 몇 걸음만이라도 좋으니
사랑의 길 같이 걸을 수 있기를

하루 화랑

뜰이 화선지다
살구나무가 묵화를 그렸다
뻗어나가다 움찔 멈추고
굽었다가 다시 뻗은 선
굵었다 가늘었다 꿈틀거린 붓자국
묵매, 묵죽
제각기 제 모습을 열심히 그려 놓았다
찻잔이 식고 햇살이 설핏해져
그림들 조금씩 자세 고쳐 앉으며
해가 기울고, 그러다가
캄캄 먹물 속에 잠겼다

나무의 거리(距離)

도시는 나무의 거리까지도 계산해서 심고
걸어가는 길 가에
가로수는 일정한 간격으로 서 있다

좋아도 더 가까이 갈 수 없는 나무
미워도 더 떨어질 수 없는 나무
서로가 서로에게 방해가 되지 않을 만큼
서로의 비밀이 보이지 않을 만큼

나무는 나무의 슬픔을 알지 못한다
나무는 나무의 기쁨도 알지 못한다
소중히 끌어올리는 물줄기도
온 밤내 떨며 견디는 외로움도
모른다 모른다 알지 못한다

바다만큼 강물만큼
섬처럼 강둑처럼
투명한 벽을 두고 마주서서
손을 흔들고 몸을 흔들고
가슴 속 굳게 원을 긋지만

평생을 두고 사는
가깝고도 먼 나무의 거리

혼자 자라는 나무

그대 생각 씨알 하나
내 안에 뿌리박고 가지 뻗어
가슴 온통 차지했는데

어찌하랴
가지 뻗고 뻗어도
그대에게 닿기엔 아직 멀고
내 품 한껏 열어도
그대 안기엔 턱없이 좁은 것을

언제쯤이면
그대에게 닿을 수 있을까
얼마 만큼이면
그대 안을 수 있을까

어찌하랴
내가 가지 뻗는 것은
그대에게 닿기 위함이요
내가 꽃 피우는 것은
그대 맞이하기 위한 점등인 것을

서로 손 잡으면

문 닫힌 겨울밤, 봄꿈 꾸는 사람아
이제 그만 팔짱을 풀자
팔 뻗어 서로 손잡으면
다리 하나 이어지지 않겠는가
건너가고 건너오고
시냇물도 따라 흐르지 않겠는가

두 손 서로 맞잡으면
둥그런 밭도 하나 생기지 않겠는가
콩도 심고 보리도 심어보자

팔 뻗어 서로 끌어안으면
연리목連理木, 한그루 자라지 않겠는가
꽃도 피우고 열매도 키워보자

땅은 뿌리를 끌어안고
하늘도 빙그레 웃으시지 않겠는가

2

나무의 나라 침공기

나무의 나라 침공기
공짜
나무의 계획
석류나무 생각
꽃이 온다
그래서 그때
플라타나스
달리는 나무
나무의 비상
어떤 식목
사다리를 타고
연필을 깎다 문득
달이 웃고 별이 반짝이는
나무의 편지 1
나무의 편지 2

나무의 나라 침공기

나무는 처음에 서울에서 살지 않았다
서울이 나무의 나라를 침공했다
캐내고 솎아내고 몰아내고
생포한 몇 그루는 보초 세웠다
그래도 나무는 말이 없다
바보같이 서서 충실히 보초를 선다
침략자들을 위하여
푸른 거리를 만들고
맑은 바람을 만든다
이제 다시 침략자들의 마음을
나무가 점령한다

공짜

아무 땅이나 차지하고 살면
거기가 집이요 거기가 일터

사업 번창하고 주가가 치솟아도
소득세 재산세 한 푼 낸 적이 없지
햇볕도 공짜, 물도 공짜, 바람도 공짜

그래도 나무는 자선사업가
무상 임대주택은 새들의 차지
시원한 그늘 밑은 마을 노인정
달고 향기로운 과일은 공짜
새들에게도, 사람들에게도

하늘 향해 팔 활짝 벌린 나무
다음 생엔 나도
공짜 나무가 되어도 좋으리

나무의 계획

올해 가지 뻗기 열일곱 군데
총 연장 210cm
몸 둘레 늘리기 7cm
열매 맺기 배가 운동
이런 목표 나무에겐 없다
주간 계획, 월중 행사표 그런 것도 없다
햇빛 비치는 대로 쪼이고
비가 오면 오는 대로 맞고
바람이 불면 부는 대로 흔들리고
멈추면 멈춘다
물오르면 잎 틔우고
꽃 지면 맺힌 열매 키울 뿐이다
그래도
한 해에 키가 석 자나 자라기도 하고
허리 통통하게 굵어지고
잎들은 셀 수도 없이 늘고
열매들 올망졸망 매어단다
바람이 와서 팔 흔들면
잡았던 손 놓아 잎들 보내고
열매들 향기롭게 익힐 뿐이다
그저 그렇게 서 있을 뿐이다

석류나무 생각

창문을 여니, 거기 서 있었네
꽃등불 켜 들고

창문이 어찌 그리 그윽했는지
방안이 어찌 그리 아늑했는지

창문에 다가서는 설렘
방문을 열며 들어서는 충만
- 평안, 기쁨, 감사와 경탄

까맣게 잊고 지낸

꽃이 온다

깃마다 별 총총 박힌 날개 활짝 펴고
만첩홍매화 내게로 온다

얼마나 먼 길 달려 왔는가
얼마나 오랜 시간 건너 왔는가

나 꽃에게로 다가간다
그리움 건너 목마름 지나
영혼의 손수건 흔들며
꽃 껴안으러 간다

이산가족 상봉인 듯
비바람 천둥 건너
마침내 터지는 번갯불인 듯

그래서 그때

긴 긴 겨울 밤
그렇게 춥고 어둡더니만
오늘은 개나리 진달래 목련 벚꽃
모두 나와 꽃 등불 켜들고 섰네

붉은 등 노란 등 하얀 등불에
가슴 온통 따스해지네

왠지 자꾸만 눈물이 나네

광야 헤매던 날들 돌아보면
그렇게 밉고 원망스럽더니만
오늘은 뜨거운 눈물이 돌아
세상이 온통 꽃동산이네

플라타나스

뜨겁게 견디는
땡볕
먼지 뒤집어쓰고

통쾌하게 소나기 한줄기
쫘악 쏟아진다

작업을 끝내고
샤워장에서 나온
건장한 사내

달리는 나무

길에 나서면
달려가는 나무를 만나리라
푸른 갈기를 날리며
깃발 흔들며, 달리는 나무
근육 툭툭 불거진
길쭉길쭉한 다리로 경중경중
달리는 나무를 만나리라
후두둑 땀방울 털며
쏴아쏴아 바람 가르며
나무는 달린다, 언덕을 넘어
하늘 저쪽 끝까지…
혹, 잠시 땀을 닦으며
숨 고르고 있는 나무를 만난다면
그건, 편자를 갈아 끼우는 중
들판에서도 강가에서도
강물보다 빨리
새보다도 빨리 달리는 나무
밤에도 나무는 멈추지 않는다
나무는 잠을 수가 없다
다만 함께 달릴 수 있을 뿐

나무의 비상(飛翔)

바람 부는 날은,
구름보다 높이 날아올라도 좋으리
수없이 파닥이는 푸른 날개
페가수스여!
억세게 갈라터진 검붉은 밑둥
외다리로 운명의 땅을 박차고
발굽을 쭉 뽑아 올려도 좋으리
하늘 쪽으로 물 길어 올리던 몸으로
뭇 새들을 품었던 가슴
위로 위로만 뻗어오르던 푸른 염원으로
발이 박혀버린 페가수스여
바람 부는 날은
먼지 털어버리고, 크게 울어제치며
높이높이 날아올라도 좋으리

어떤 식목(植木)

옛날에
한 사내가 있었지
통나무 구유에서 태어나
목수가 되어 평생
나무만 자르고 대패질만 했지
망치로 꽝꽝 못을 박으며…
그러다가 한 삼년
나무를 심었지
거친 들 무너진 산에…

목수는 〈산림법 위반〉
통나무 십자가에 못 박혀 죽었지
불쌍한 세상
황폐한 가슴

죽은 지 사흘 만에
십자가 나무에
신비한 싹이 났지

그 사내 지금도
나무를 심고 있지
불쌍한 세상에
황폐한 가슴에

사다리를 타고

평생 나무를 다듬어온 그는
무얼 만들었을까

그걸 아는 사람은 없었지만
실은, 그가 만든 것은 사다리였다

골고다 언덕
온몸 나무 기둥에 못 박아
완성한 사다리를 타고
그는 하늘로 올라갔다
옆에 있던 강도까지 데리고

곧 다시 내려오마
천둥이 쳤다

연필을 깎다 문득

연필을 깎다 문득
옛일을 떠올린다

일기장에 눌러 쓴
삐뚤빼뚤한 글자들 눈에 선하다
아직도 여기 불쑥 저기 불쑥
콩콩대며 뛰어다니는 글자들

어디서 향나무 향긋한 바람이 분다
바람에 절로 넘어가는 일기장

키를 쓰고 소금 받으러 가는 꼬마
구슬치기 딱지치기에 새까매진 손등
참외서리 갔다가 풀밭에 잃어버린 신발 한 짝
어디서 나를 기다릴까

여기저기 추억 속 헤매다
훌쩍 자정을 넘는다

달이 웃고 별이 반짝이는

달은 왜 저리 환한가
별들은 왜 저리 반짝이는가

꽃은 왜 피는가
새들은 왜 노래하는가

바람 불고
눈 비 내리는가

그래, 맞아
누군가 날 사랑하고 있어
날마다 때마다
신호를 보내는 거야

나무의 편지 1

친구 수목이
잘 지내는가
요즈음 나는 회사 언덕에
한 그루 나무가 되었네

뿌리를 뽑아 안고
훨훨 날아가는 꿈을 꾸다가
안타깝게 자네 쪽으로 팔만 뻗는다네
땅 속 더 깊은 곳에서, 남모르게
자네 쪽으로 뿌리를 뻗는다네

닿을 곳 아득한 허공
머리만 자꾸 쳐든다네

나무의 편지 2

가끔 손이나 흔들어 볼 뿐
나는 너에게 갈 수가 없구나
땅에 잡힌 발목이 너무 답답하구나
너는 한 마리 새, 잡을 수가 없구나
그리움 한껏 붉게 익으면
수 천 수 만 사연 손바닥에 적는다
아픈 손목 똑똑 끊어 네게 띄운다
핏빛 타는 사연 네게까진 전해지지 않고
구둣발에 밟히고, 빗자루에 쓸리고
바람에 몰려 웅덩이에 쌓인다
편지도 못 건너는 도랑 하도 깊어서
너에겐 다다를 수가 없구나
이제 곧 나의 편지도 다하고
앙상한 뼈만 드러날 것인데
가슴 시린 어느 하늘
너는 별처럼만 반짝이느냐

3 단풍을 보다가

단풍을 보다가
화살나무
나무의 내부
아까시 잎을 떼어내며
나무, 신의 은총
그대를 보면 가지를
밤나무 추억
상수리나무
대나무 그리기
겨울나무
서성이는 나무
옆으로 크는 나무
나뭇잎 하나 지듯 그렇게
후박나무 큰 그늘 아래
기다리는 여인들

단풍을 보다가

설악산 한계령을 넘다가
한 줄기 바람 만났네

바람은, 무슨 영혼 품었기에
산 만나면 단풍 되고
갈잎에 닿으면 노래 되고
물에서는 은빛 춤이 되는가

얼만큼 맑고 고운 영혼을 품어야
나, 그대 가슴 만나
단풍으로 물이 들까

나 이제
그대 마음줄 울리는
노래가 되고
황홀한 춤이 되리

화살나무

빈집 마당에
꽃나무 하나 서 있네

웬 꽃이 저리 붉을까
꽃보다 더 붉은 가을 잎
온통 핏빛으로 물든 화살나무

그동안 내가 그대에게 쏜 화살
이리도 많고 깊었던가

그대는 어찌 참고 참다가
이제사 한꺼번에
그 화살 내게 되돌려주는가

온몸 온 마음에 화살 맞고
피 줄줄 흘리며
나 비틀거리네

나무의 내부(內部)

창가에 서서
나무를 본다
나무의 내부가 궁금하다

창문을 밀어
나무에게까지 밀어
나무의 벽에 창틀 끼워 넣는다

손전등을 비춘다

시꺼먼 간
흔들리는 허파
자꾸 고개 파묻는
내장

쓸개
쓸개가 안 보인다

나무의 내부가
수상하다

아까시 잎 떼어내며

아이들이 길가에서
아까시 잎을 가지고 논다
가위 바위 보
이긴 아이가 한 잎을 떼어내고
가위 바위 보
이번엔 다른 아이가 한 잎을 떼어낸다

먼저 다 떼어내면
이기는 것일까

해맑던 어린잎을 떼어내고
냇물소리 새소리도
떼어내고
뿌리 떨어진 가지들만
부스럭거리는 길 위

십년 전에 떠난 아버지
어제 떨어진 중학교 동창

오늘 떼어낸 총무과 김과장
얼굴들이 어른거린다
나는 우두커니
듬성듬성 이 빠진
아까시 잎 한 줄기
들고 서 있다

나무, 신의 은총

여름엔
겹겹 껴입혀
땡볕에 세우시고

겨울엔
앙상한 알몸으로
눈밭에 세우신다

폭삭 삭아
주저앉을 때까지
서 있으라 하신다

계절이 변덕스러워도
자리 지키고
기다리라 하신다

그대를 보면 가지를

그대를 보면 가지를
흔듭니다, 흔들리고
그대는 바람 때문이라시고

때론, 안간힘으로
흔들어도, 안 흔들리고
여전히 그대는 마음만 휘저으시고

조용히 생각에 잠길 때에도
속으로 울고 있을 때에도
바람이 잠잔다고만 생각하시고

세월만 흐릅니다, 무심히
살갗이 자꾸
터집니다, 뼈마디가
뭉퉁그러집니다

그런 밤일수록, 별을 봅니다

아득한 별의 이야기가
눈발처럼 내리는 밤에
층층 잎새마다 별을 얹고

이것은 모두 그대로 인하여
내 몸에 돋아난 영혼의 반짝임
나는 그대의 영토를 떠날 수 없습니다

밤나무 추억

바지랑대로 때리면
가시 박힌 주먹을
머리통 위로 마구 던지던 나무

서리 내린 새벽마다
낙엽 밑에 보석알을 숨기고
이른 잠을 깨워 불러내던 나무

우리는 가지를 잘라
윷을 만들고 팽이를 깎고
새총, 그렇지 그 새총으로 다시
금빛 밤송이를 쏘았지

가을 황혼녘
가로의 벤치에 앉으면
너도밤나무 생각난다던
여자가 생각나지만

마음은 언제나 고향 밤나무
가시 박힌 주먹이 가득하다

상수리나무

굵은 밑둥
카키색 질긴 잎무늬
어린년 빛나는 이마 같은
머슴애 통통한 고추 같은
열매를 주렁주렁 매달고 선 나무여
갈라터진 어깨와 등
거친 정강이 하며
농사꾼 내 아버지를 닮은
상수리나무여
몇 모의 묵을 위하여
우리는 당신의 정강이를 얼마나 걷어찼으며
당신을 잘라 만든 메텡이로
당신의 허리를 얼마나 후려쳤던가
도끼자루를 발등에 얹어 놓고
또 몇 번씩이나 자루를 고쳐 잡았던가
그래도, 날이 갈수록 무성하게
가슴을 뒤덮고 하늘을 뒤덮고
끄떡없이 떡 버티고 서서
더 많은 열매를 던져주는
늠름한 나무여

대나무 그리기

눈빛 화선지에 대나무를 친다
잎 모양 하나 만드는 데 며칠이 가고
그리고 그려도 줄기는 굽어지고
가슴엔 검은 먹물이 고인다
마디에 마디를 이어 하늘로 뻗는 동안
낙엽 지고 눈이 내린다

그림 한 점 그리는 일도 이러하거늘
대나무처럼 곧고 푸르게 사는 일이야
하늘 우러러 속 맑게 비우는 일이야
더 일러 무엇하랴

淸高烈士心

화선지 여백에 화제(畵題)를 쓰며
한겨울 대나무 그리는 일로
뼈마디가 툭, 툭,
퉁그러진다

겨울나무

다 떠났다 잊혀졌다 말하지 마라
찬바람에 진 낙엽들 멀리 안 가고
옹기종기 발등 소복이 덮고 있는데

캄캄한 어둠 너머 수많은 별들
새파랗게 눈 뜨고 지켜보는데

어찌 날 보고 침묵한다 하는가
언 하늘에 강철 가지 휘저어
어둠 찢는 소리 들리지 않는가

긴 겨울 물러가지 않아도
기다림의 끈 놓지 않으리
떨리는 가지 안테나 높이 세워
아련한 봄소식 놓치지 않으리

서성이는 나무

때로, 하릴없이 길에서 서성이는
나무가 된다
어쩌면, 그리운 얼굴 딱 마주칠지도 몰라
이렇게 많은 사람들이 다니는 길
더더구나 옛 직장 근처에선
아아! 이게 누구야! 소리칠 수 있을 것 같아
내가 이렇게 서성이며 기다렸다는 말은
꼭꼭 숨기고
뜻밖에 만나니 정말 반갑다고
세상은 참 넓고도 좁다고
그렇게 말해야지

아아! 이게 누구야!
여기서 만날 줄은 꿈에도 몰랐네
오늘은 참 운수가 좋군, 반갑네 반가워
그래 요즘 재미가 어때?
푸르게 푸르게 손을 흔들며 악수를 했네, 하지만
연락처를 적고, 바쁜 약속이 있어 미안하다고
언제 밥 한 번 먹자고, 일간 꼭 연락하마고
그가 가버린 뒤 다시 텅 빈 거리를 바라보며

다시 하릴없이 서성이는

한 그루

나무

옆으로 크는 나무

요즈음 나무들은 모두 위로만 큰다

전에는 나무들이 모두 옆으로 자라

손과 손을 잡고 가슴과 가슴 맞대고

뿌리와 뿌리가 서로 얽혀서

온통 한 덩어리 숲이던 때가 있었다시던

할아버지께서 주무시는 동안

나무들은 모두 위로만 큰다

나뭇잎 하나 지듯 그렇게

아침마다 헤어진다
다녀오세요 빠이빠이
손 몇 번 흔들고 그렇게

출근이나 하는 것처럼
떠나기 위하여

늘 하던 버릇대로
구두소리 뚜걱이며
되돌아오기나 할 듯이

나뭇잎 하나 지듯 그렇게

후박나무 큰 그늘 아래
- ㄱ스승님께

무심히 지나치던 교정에서
밑동 굵은 후박나무
숨은 향기를 일깨워 주시고
그렇고 그런 잔디밭의
돌부처 하나도 찬찬히 뜯어보시며
무던한 몸매와 한없이 착한 미소를 찾아내
소중히 알아주시며
마구 자라 오른 키 큰 나무 사이
낮게 욱은 사철나무와
쥐똥나무 숲에서도
이 나무들을 심어 놓은 이의
오동잎 넓덕한 마음으로
박봉 좁은 가슴쯤은 넉넉히 덮을 수 있다던
당신의 말씀
목소리만 들어도 훈훈히 기쁘다던 그 음성
오히려 더 훈훈한데
성큼성큼 걸으시는 당신을 따라
받쳐주시던 우산의
둥그런 기억을 안고 갑니다
종종걸음으로 당신을 따라 갑니다

기다리는 여인들

누구를 기다리나
거리 양쪽에 여인들이 줄서 있다

늦가을에서 겨울 사이
자정에서 새벽 사이
뿌우연 가로등

귀뚜라미만 밤새 울고
그림자도 숨었는데

모딜리아니의 그림처럼
길고 앙상한 몸매로
이 밤도 저렇게 서서 새운다

4

부활

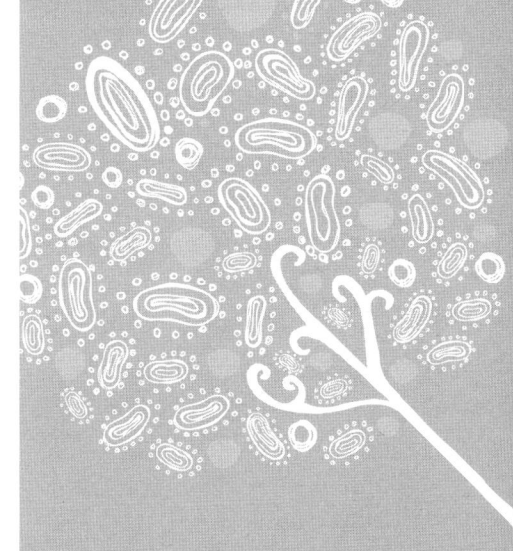

하늘이 보일 때
나무학교
피리소리
나무붓 편지
경의선 숲길
나무 날개
대밭에서
나무가 사라지는 풍경
대머리 은행나무
너도 나무
연리지
나무의 비밀
일생
나무의 최후
부활

하늘이 보일 때

한 잎 달면 또 한 잎을 달고 싶었다
단 한 잎도 남기지 못할 것을 알면서도
좀 더 넓고 짙푸르러지길 바라며
더 굵게 더 길게
더 멀리 더 깊이 파고들면서
온 날을 쉼 없이 견디고
밤마다 서서 기다리고, 기다렸지만
다 떨구고 빈 몸으로 섰을 때
비로소 환히 보이는 하늘

나무학교

나무학교 입학식은 3월이구요
졸업식은 11월입니다
나무학교에서 어여쁘기로는 3월 신입생들인데요
그 보드랍고 앙증맞은 연두 병아리들
달려가 꼬옥 안아주고 싶고 볼을 깨물어주고 싶다니까요
가장 왕성하게 떠들고 공부도 열심히 하는 축은
아무래도 5학년 6학년 강아지들인데요
진초록 교복이 썩 잘 어울리는 녀석들이지요
나무학교가 가장 아름다운 때는 가을인데요
10월이 되면 황홀한 노을빛 교복으로 갈아입고
둥글고 향내 나는 졸업 작품 자랑스레 들고 있지요
11월의 이별, 세상 거름 되라는 교장 선생님 말씀 품고
졸업생들은 바람 부는 세상 곳곳으로 흩어집니다
12월의 나무학교는 텅 빈 가슴으로 이마에 흰 눈을 이고
내년 3월 다시 찾아올 연두 병아리들을 기다리지요

피리 소리

누가 불고 있나
어디서 들려오는 피리 소리

어둠 뚫고 건너와
가슴을 파고드네

하늘 예는 기러기 울음인 듯
외로운 나그네 휘파람 소린 듯
밤 건너는 노 시인의 한숨 소린 듯
가슴 울리네

온몸 귀가 되어 듣네
홀로 별빛 바라보네

그대 날 불어주시기만 한다면
나 노래하는 시인이 되어
꼭 한번 그대 깊은 가슴
울리고 싶네

나무 붓 편지

나무는 커다란 붓

하늘에 온몸으로
편지를 써요

뭐라고 썼을까 궁금한데
나무의 문자를 몰라
하늘의 문자도 몰라

(가슴의 눈으로 읽어 보렴
바람의 귀띔)

아파 죽겠어요, 숨이 막혀요
푸르게 푸르게 살고 싶은데
공기도 물도 땅도 모두 아파요
세상이 다 아파요

경의선 숲길

꽃이 피었다
우리도 꽃으로 피어나 보자

비가 내린다
우산 속 둘이서 걸어가 보자

단풍이 물들었다
우리도 단풍처럼 물들어 보자

눈이 내린다
우리도 눈이 되어
하늘 가득 날려 보자

나무 날개

나무는 죽어서도 날개를 접지 않는다

살아서 푸른 날개 활짝 펴고
살아 있는 것들 그늘 아래 불러들여
다리 앉히고 땀방울 씻어주던 나무

찬바람 무서리에 깃털 다 빠지고
손발 뚝뚝 끊겼다
눈보라 얼음 톱날에 몸통마저 베어지고
통나무로 쓰러졌다

사흘 뒤 언덕 위에
가로 목 하나 등에 지고
외다리로 다시 일어선 나무
죽어가는 죄인들 불러 모은다

이 한겨울
깊고 너른 품을 열고
외길 한 줄 깔아놓는, 나무

대밭에서

하늘을 층층 가로막아 마루를 깔고
그 마루 든든한 발판 삼아
쭉쭉 하늘로 솟아오르는 대나무처럼
시간에도 층층 동그란 마루를 깔 수 있다면
그 마루에 올라앉아 푸른 바람 소리도 듣고
듬직한 앞산 등허리도 바라보면서
서로 어깨를 기대어 하늘로 하늘로 고개를 들고
맑은 하늘 얼굴에 볼 부빌 수 있다면

바람은 바람에 쓸려가고
댓잎은 가슴을 에고
시간은 대나무 화살처럼 가슴으로 날아오고
세월은 죽창처럼 옆구리를 찔러오는데

나무가 사라지는 풍경

　어렸을 적엔 어르신들이 참 많았습니다. 뒷산 나무들도 많았습니다. 어렸을 적엔 머리숱도 많았습니다. 점점 자라면서 어르신을 한 분씩 두 분씩 볼 수 없게 되었습니다. 그래도 여전히 어르신은 많았습니다. 고목이 한 그루 두 그루 삭아 주저앉기도 하고 태풍에 쓰러지기도 했지만 그래도 여전히 나무들은 많았습니다. 한 올 두 올 머리카락이 빠져도 여전히 머리숱은 많았습니다. 일 년에 한두 분씩 어르신들이 보이지 않게 되고, 한 달에 한두 그루씩 나무가 주저앉고 쓰러지고 베어졌지만 어르신도, 나무도 여전히 많았고, 머리숱 또한 많이 남아 있었습니다. 그렇게 또 몇 해 지났을 뿐인데 어느새 어르신이 몇 분 안 남았습니다. 어느새 나무도 몇 그루 안 남았습니다. 사람들은 이제 나를 어르신이라고 부릅니다. 어느새 머리숱도 성글어지고 빈터만 휑하니 남아 있습니다.

　뒷산 비탈에는 잎이 다 떨어진 앙상한 나무 한 그루만 서 있습니다.

대머리 은행나무

이 걱정 저 걱정
이 생각 저 생각
번뇌와 애증
날마다 달마다 무성하게 피어올라
엉클어진 숲이 되고 머리가 무거웠다

아하, 어느 순간
다 떨어버리고
해탈!

대머리가 되었구나

들끓던 그 번뇌 그 애증
떨구어 놓고
이만큼 떨어져 바라보니
황금빛

빈 하늘가엔
사리처럼 맺혀 있는
사념(思念)의 열매

너도 나무

몇 번을 망설이다
나무에게 물었다.
많이 속상하지? 힘들지?
답답하지?
그래도, 너 참 대단하다.

곧바로
나무가 대답했다.
그렇게 묻는 너도 나무야!

너도 이 별에 떨어졌잖아?
네 나라, 네 부모 떠날 수 없잖아?
이 시대에 심겨졌잖아?

너도 많이 힘들지
속상하고 답답하지?

나무가 내게 들어왔다

연리지(連理枝)

충청북도 괴산군 수안보
중앙경찰학교 교정엔
두 나무 가지가 서로 붙어
양식을 나누고, 물도 나누어 마시고
손잡고 피를 나누며 산다
가지가 붙으면 연리지
몸이 붙으면 연리목
푸른 나무에 노란 잎 피고
노란 잎에 붉은 단풍 물들었다
푸른 잎 노랑 잎 붉은 잎
하늘 가득 어우러졌다
나는 누구와 저렇게 서로 붙어
피를 나누고 사랑 나누고 살아갈까
머리 위 하늘 한바탕
흐드러지게 펼쳐볼까

나무의 비밀

나무는 어떻게 저리 거룩할 수 있을까?
어떻게 저리 싱그러울 수 있을까?

새벽기도를 마치고 나오다가
별들을 나무에게 부으시는
세례식을 보고 말았네

나무는 어떻게 저리 기쁘고 행복할 수 있을까?
공원에서 그네를 밀며
바람이 계속 나무를 쓰다듬고 있는 걸 보았네
작은 새들이 계속 찾아와 재잘거리고
밤엔 달과 별이 조명 비춰주는 걸 보았네

나무들도 저희들끼리 나란히 서서
사랑의 수화 계속 주고받는 걸 보았네

일생

산은, 일생을
꿈쩍 않고 사는데

일생을, 나는
흔들리며 사네
풀잎처럼

물은 끊임없이
산을 떠나네

산과 물과 나, 서로 다르지만
자세히 들여다보면
일생, 그리움 하나 품고 사는 건
매한가지

나무의 최후

쓰러져 토막나도
썩지 말 것

삽자루가 되어도 좋고
현판이 되어도 좋지만

가장 멋진 건
타버리는 것
이왕 탈 바엔 뜨겁게 확 탈 것
재밖에 더
남기지 말 것

부활

나무는 죽어도 죽지 않는다
잘리고 꺾이고 못 박혀도
죽지 않는다

기둥으로 문짝으로
안방 장롱으로 침대로
밥상으로 도마로
다시 태어난다

집은
나무들의 천국

장롱이며 문들을
닦고 또 닦아주시던
어머니를 생각한다

세상 나무들 깎고 다듬어
새사람 만드시는
목수, 그분을 생각한다

웃는 나무

초판 발행 2023년 5월 30일

저   자 • 임문혁
발 행 인 • 한은희
편   집 • 조혜련
교   열 • 이복규

펴낸곳 • 책봄출판사
주   소 • 경기도 고양시 덕양구 통일로 1276-8 (킹스빌타운 208동 301호)
           서울 중구 새문안로 32 동양빌딩 5층 (디자인 사무실)
전   화 • (010) 6353-0224
블로그 • https://blog.naver.com/anjh1123
이메일 • anjh1123@nate.com
등   록 • 2019년 10월 7일 제2019-0000156호
ISBN 979-11-980493-4-6 03810

• 책값은 뒤표지에 있습니다.